Diogenes mini-Taschenbuch 79024

Loriots
mini Ratgeber

Diogenes

Loriots mini Ratgeber
ist eine Auswahl aus
Loriots Grossem Ratgeber und
Loriots Heiler Welt sowie
weiteren, am Schluß dieses Bandes
angezeigten Werken von
Loriot

500/87/37/3
ISBN 3 257 79024 4

INHALT

VORWORT

Ja, äh ....
....
....
....
....
....
....
....
....
....
....
....
....
....
....

....
....
....

....

.... *oder* ......

....

....

....

....

....

....

  ....

....

....

....

....

Ammerland, im Frühjahr 1980 LORIOT

GRUND UND BODEN

GRUNDSTÜCKSKAUF

A

Grundstückskauf ist keine Frage des Einkommens. Auch für Sie ist der Betrag von DM 80,– für einen Quadratmeter in vornehmer Villengegend erschwinglich (A).

Sollten Sie jedoch mehr Auslauf benötigen, bietet sich Ihnen zum selben Preis etwas außerhalb das erwünschte großzügige Objekt (B).

Unbefriedigt zeigt sich Herr P. Neugebauer nach Ankauf eines verkehrsgünstig gelegenen Grundstücks bei Hamburg: das Überschreiten des Bahnkörpers ist auch Anliegern nicht gestattet.

NEUBAU

»Für vierzehn Tage übernehme ich die volle Garantie.«

»Ich habe Ihnen doch eben gesagt, Sie sollen die Haustür leise schließen!«

»Ich wußte ja nicht, daß Sie einen Hund haben.«

Noch Monate nach Ihrem Einzug bietet Ihner
Ihr Grundstück den köstlichen Genuß der eige
nen Scholle.

Die angenehme, gleichmäßige Feuchtigkeit Ihres Neubaus schafft ideale Lebensbedingungen für eine üppige Heimflora. Pilzfreunde brauchen das Haus nicht mehr zu verlassen. Sie finden bei der kurzweiligen Suche im Eigenheim volle Befriedigung.

EINST

Neuzeitliche Verputztechnik legt Wert auf Lebendigkeit. Schon nach wenigen Wochen zeigen sich die entzückendsten Muster. Leicht zu entfernende Mörtelteile lockern eintönige Wände auf und

geben den Blick auf moderne Ziegelflächen frei. Erst jetzt verspüren Sie den Geist zeitnaher Wohnkultur.

IM GARTEN

HEIM UND GESELLSCHAFT

DAS SAUBERE HEIM

»Ich *hasse* den Frühling ...«

Schon nach kurzer intensiver Behandlung mit einfachen Mitteln kommen die farbenfrohen Muster Ihrer kostbaren Perserbrücke ganz anders heraus.

SCHÖNER WOHNEN

Moderne Behaglichkeit ist kein leeres Wort mehr, seit das ›Trauma-Raumspar-Bett‹ seinen Siegeszug durch die Schlafzimmer der Welt angetreten hat.

Schnittblumen vertiefen den Eindruck natürlicher Frische und kultivierter Häuslichkeit. Schon durch eine einzige Rose (Pfeil) erscheint Ihr Heim wie umgewandelt.

Moderne Menschen richten sich zeitgemäß ein. Aparte Dekorationsstoffe vermitteln ihnen das Gefühl behaglicher Nestwärme. Merke: *Die Wohnung sei der Spiegel Ihres Inneren.*

Kenner erzielen oft erstaunliche Wirkungen durch die geschmackvolle Kombination von antikem und neuzeitlichem Mobiliar.

GEPFLEGTE GASTLICHKEIT

Blumen machen Freude.

Hemmen Sie nicht den Ablauf des Essens durch unnötiges Zögern. Nur blitzschnelles Zugreifen sichert Ihnen die besten Stücke und beweist der Hausfrau, daß Sie sich wohl fühlen. Daher oberstes Gesetz für jedes Diner: *Sei lebhaft.*

Wenn Sie ausschließlich am Essen teilzunehmen beabsichtigen, da Sie das anschließende gesellige Beisammensein langweilt, gilt das Verhalten wie in Schnellimbissen. Der Kavalier legt seinen linken Handschuh ab.

Herren, die unter gesellschaftlicher Bedeutungslosigkeit leiden, brauchen sich nur als Arzt kenntlich zu machen. Alle Herzen werden ihnen zufliegen.

Gegen 22 Uhr 30 erinnerte sich Herr Eberhard C. Mendelsohn, den Anzug schon morgens angelegt und tagsüber nicht mehr korrigiert zu haben.

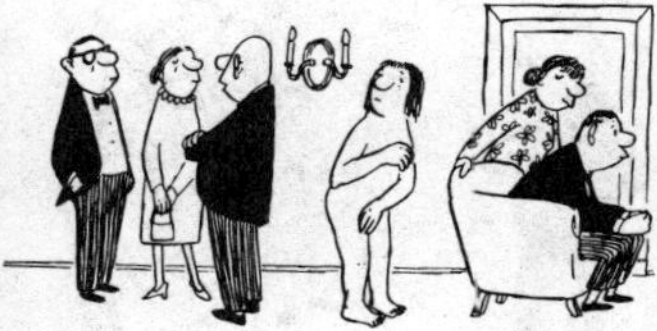

In dieser oder ähnlicher Lage leicht in den Arm kneifen. Wenn Sie nicht sofort aufwachen, Party unauffällig verlassen, auch wenn es grade sehr nett sein sollte.

SPIELE FÜR ERWACHSENE

»Ich bin eine historische Persönlichkeit mit N – aber mehr sag ich nicht.«

Ein beliebter Salontrick, zu dem Sie keinerlei Vorkenntnisse benötigen. Um Unannehmlichkeiten zu vermeiden, empfiehlt es sich jedoch, das Einverständnis der betreffenden Dame und eine Genehmigung der Mordkommission einzuholen. Merke: *Nur saubere Säge verwenden.*

A

Pfänderverleihen ist ein besonders in Norddeutschland verbreitetes Steckenpferd wohlhabender Kreise. Auch die kühle Anfangsstimmung der abgebildeten privaten Hamburger Abendeinla-

B

dung (A) weicht im Verlauf dieses launigen Gesellschaftsspieles einer knisternden erotischen Atmosphäre (B).

DER TANZ

A

B

In der Frage, wo beim modernen Gesellschaftstanz die rechte Hand des Herrn zu liegen hat, gehen die Ansichten auseinander. Es kann jedoch so viel gesagt werden, daß es sich bei Abb. A um einen Mißgriff handelt, der unter Gebildeten als weder korrekt noch komisch gilt. Bei Abb. B ist mit Sicherheit anzunehmen, daß die Partner sich duzen.

BERUFE UND KARRIEREN

ARZT

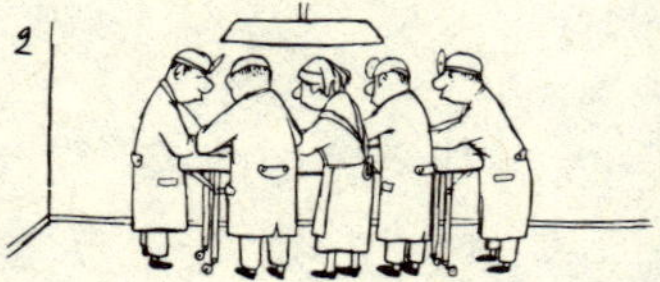

3

Namen und Anschriften der behandelnden Ärzte sowie der assistierenden Oberschwester sind unbekannt. Ebenso fehlen nähere Angaben über Ort, Datum, Uhrzeit, Pulsschlag und Temperatur.

AUFSTEIGER

BANKFACHMANN

Die finanziellen Folgen rückläufiger Konjunkturentwicklung gehen im kapitalistischen Wirtschaftssystem immer zu Lasten des kleinen Mannes.

BRANDMEISTER

Brandmeister Dröge versichert, diese Darbietung in dringenden Fällen auch mit zwei Bällen zeigen zu können, vorausgesetzt, daß ihm zwei Schläuche zur Verfügung gestellt werden.

BUNDESBAHNBEAMTER
Lokomotivführer

Durch steigende Investitionen gelang es der Bundesbahn, mit der verkehrstechnischen Entwicklung Schritt zu halten.

Streckenwärter

Die täglichen Beanstandungen am Gleiskörper zwischen Celle und Lüneburg sind mit Sicherheit auf spielende Kinder zurückzuführen.

BUNDESPOSTBEAMTER
Außendienst

Herr Günther A. zeigte sich den Anforderungen m Außendienst der Bundespost weder in körper-icher noch in geistiger Hinsicht gewachsen.

Zusteller

2

Anwärter auf die gehobene Postbeamtenlaufbahn haben die Möglichkeit, sich gründlich in die Materie einzuarbeiten.

BUNDESWEHRSOLDAT
Trompeter

Militärische Feierstunden hinterlassen vor allem beim zivilen Betrachter einen unauslöschlichen Eindruck.

Artillerie

Die hohe Anfangsgeschwindigkeit der Feldhaubitze 58 erklärt ihre enorme Reichweite von über 120 Kilometern.

Infanterie

1

2

3

Maßgebende Kreise bezweifeln, ob man nach diesem Vorfall Kriege überhaupt noch als wünschenswert bezeichnen könne.

Marine

Erst als die Lage hoffnungslos wurde, ging Kapitänleutnant Abendroth (als letzter) von Bord.

Luftwaffe

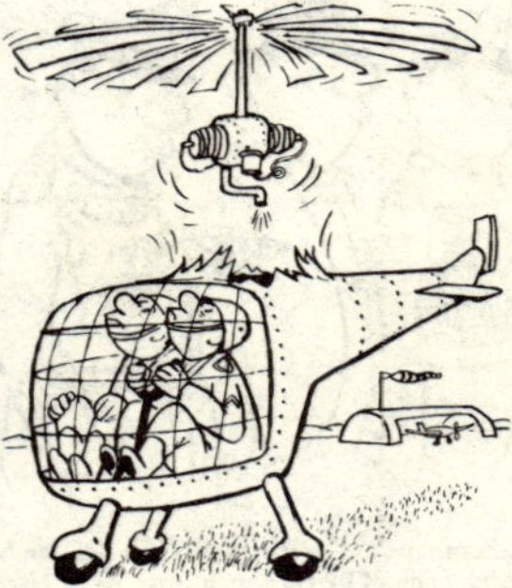

Generalstab

Generalleutnant Dallwitz (rechts) ist bei der Neubesetzung des Oberkommandos der Heeresgruppe Mitte in engerer Wahl.

DROGIST

FILMPRODUZENT

Wenn Sie als Dame einem Filmproduzenten begegnen, seien Sie recht nett zu ihm. Er ist dankbar für ein bißchen Sonnenschein.

HAUSFRAU

KAPITÄN ZUR SEE

Falls Sie in verantwortlicher Stellung Ihrem eigenen Orientierungssinn nicht trauen, werden Ihnen Einheimische gern jede gewünschte Auskunft erteilen.

KASSIERER

KURIER

Der Transport der britischen Kronjuwelen zur Weltausstellung in Montreal gestaltete sich doch komplizierter, als ursprünglich angenommen.

LANDWIRT

Dieser prachtvolle Wirsingkohl entwickelte sich rasch, besuchte die höhere Schule, ging nach dem Studium alter und neuer Sprachen ins Ausland, ist zur Zeit im diplomatischen Dienst und hört auf den Namen Karl-Heinz.

MALERMEISTER

Reine Dachshaarpinsel sind zwar empfindlich aber bei feinen Arbeiten sauberer im Strich.

MAURERMEISTER

OBERKELLNER

5

Wien, Hotel Bonaparte, am 2. Juli 1959.

PHOTOGRAPH

Blende elf, eine Sechzigstel, Fünf-Zentimeter-Teleobjektiv, zweiundzwanzig Zehntel Din, Kunstlicht.

POLIZEIBEAMTER

Der Beruf des Polizeibeamten bietet jedem idealistischen jungen Menschen eine willkommene Gelegenheit zum Dienst an der Gemeinschaft.

1

2

3

SCHORNSTEINFEGER

VERFASSUNGS-SCHÜTZER

VERLAGSDIREKTOR

VERTRETER
selbständig

Wichtig für den Verkaufserfolg ist das Angebot im richtigen Moment. Der abgebildete Textilkaufmann hat durch ein taktisches System seine Artikel zu einem Verkaufsschlager gemacht.

angestellt

»Oh – ich dachte, es sei die Post …«

LIEBE UND PARTNERSCHAFT

DAS KENNENLERNEN

Ein Griff in die Menge mit verdeckten Augen löst die Frage des Ehepartners auf ebenso reizvolle wie originelle Weise. Merke: *Es kommt bei Herren nicht so sehr auf das Äußere an!*

Fräulein Gertrud M. hat mit ihren Bemühungen um einen eventuellen Lebensgefährten bisher noch keinen eindeutigen Erfolg erzielt.

DIE LIEBESERKLÄRUNG

Liebeserklärungen auf offener Straße erfordern sorgfältige Platzwahl, wenn dem leise gehauchten »Du« der angestrebte Erfolg nicht versagt bleiben soll.

Auch erfolggewohnte Herren übersehen gelegentlich kleine, aber wichtige Umstände, die eine Liebeserklärung nicht ratsam erscheinen lassen.

DER FLIRT

Zum Ausklang des Flirts empfiehlt sich ein hübscher Blumenstrauß entsprechender Größe. Er fällt bescheidener aus nach Beendigung einer kur-

zen Beziehung (A), aufwendiger nach einem Flirt
von längerer Dauer (B).

DIE VERMÄHLUNG

1

2

3

Herr Lambert erklärte später, er sei damals sehr in Eile gewesen.

DIE INTIME BEZIEHUNG

Besonders für Höhepunkte im Zusammenklang von Liebes- und Naturleben gilt der Grundsatz: aufhören, wenn es am schönsten ist.

DIE EHEKRISE

Oft sind es nur Kleinigkeiten, durch die sich gewisse Verdachtsmomente zur Gewißheit verdichten.

DIE KINDER

Söhne

Wer Verständnis für die Interessen der Kinder zeigt, hat auch die Herzen der Eltern gewonnen. Mit häufigen Einladungen ist zu rechnen.

Töchter

Jeder Vater hat geheime, uneingestandene Vorstellungen davon gehabt, was für ein hübsches, liebreizendes, gewandtes junges Mädchen seine Tochter einmal werden sollte ...

DIE ALLEINSTEHENDE FRAU

2

3

4

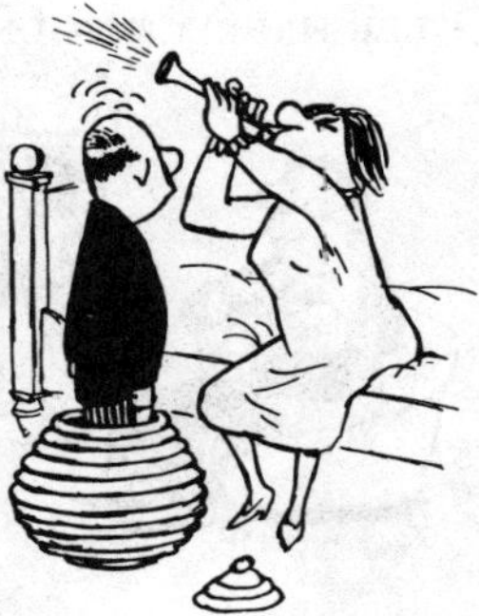

Ungewöhnlich ist hier die Tatsache, daß es einer Untermieterin gestattet ist, nach 22 Uhr auf ihrem Zimmer laut zu blasen.

DIE GLEICHBERECHTIGUNG

Wir Männer fordern, daß dem Manne das volle Glück der leiblichen Vaterschaft nicht länger vorenthalten wird, auch wenn der Säugling vorübergehend an Gewicht verlieren sollte.

REISE UND VERKEHR

Der harte Konkurrenzkampf zwingt die Automobilindustrie immer wieder zur Konstruktion von neuen technischen Raffinessen.

Der Besitz eines Automobils hat in erster Linie eine Steigerung des Selbstbewußtseins zur Folge.

Der Sinn für Naturschönheiten und ähnliches ist bei Besitzern von Kraftfahrzeugen stark ausgebildet. Weisen Sie daher während der Fahrt unverzüglich auf Sehenswürdigkeiten aller Art hin. Das wirkt höflich und verkürzt die Fahrzeit.

Autofahrer sind Feinde unnützer Worte. Greifen Sie ohne Umschweife ins Steuer, wenn kleine Korrekturen an der Fahrweise erforderlich sein sollten. (Nimm Rücksicht auf schlafende Fahrer!)

Eigenwilliges Verhalten hochgezüchteter Motoren ist noch nicht als Panne zu bezeichnen. Ruhig durchatmen und vorsichtig zur Landung ansetzen. Merke: *Über Ortschaften nicht schneller als fünfzig fliegen.*

DIE FLUGREISE

In Anbetracht der aufkommenden Gewitterneigung entschloß sich Flugkapitän Jörg D., die Strecke München–Zürich in Bodennähe zurückzulegen. Merke: *Der Wunsch zu fliegen ist so alt wie die Menschheit selbst.*

DIE BALLONREISE

Kapitän Hansen war schon in seiner Kindheit kein ausgesprochener Vogelfreund.

DIE SCHIFFSREISE

Nörgelei oder häufige Beschwerden wegen Kleinigkeiten werden an Bord nicht gern gesehen. Ernstere Beanstandungen oder Verbesserungsvorschläge sind schriftlich in doppelter Ausfertigung einzureichen und werden auf dem Dienstwege wohlwollend geprüft. Formulare sind täglich von 10 bis 11 Uhr (außer sonnabends) beim Zahlmeister erhältlich.

DIE BAHNREISE

A

Die Eisenbahnbekanntschaft (A) mit jungen Ehepaaren entwickelt sich bald zur erwünschten Freundschaft, wenn man auch im weiteren Ver-

B

lauf der Reise (B) nicht mit deutlichen Zeichen liebevoller Anhänglichkeit spart.

DIE SCHLAFWAGENREISE

Rechtzeitige Vorbereitung auf die Nacht beschleunigt die Arbeit des überlasteten Schlafwagen-Personals.

DIE BADEREISE

Freizeitglück und ungetrübte Lebensfreude an Europas Sonnenstränden können durch das gelegentliche Auftauchen kleiner Zivilisationsspuren nur noch gesteigert werden.

DIE CAMPINGREISE

DIE TURMBESTEIGUNG

Im Herbst ist von hier aus das Fichtelgebirge zu sehen.

DIE BERGTOUR

Die touristische Erschließung der Zentralalpen wird in Fachkreisen als Triumph der Technik bezeichnet.

IM AUSLAND

Auf Höhepunkten der Reise, wo man erfahrungsgemäß stets einige Landsleute finden wird, sollte man in dankbarer Freude mit einem Liede des Vaterlandes gedenken. Das wird nie seinen Eindruck verfehlen. *Vorschlag:* »Warum ist es am Rhein so schön? ...«
Falls Sie an Kulturstätten Ihr Monogramm zu hinterlassen wünschen, bedenken Sie, daß eine nur oberflächlich angebrachte Inschrift im Laufe der Jahrhunderte unleserlich zu werden droht.

In wohltemperierten Ländern werden beim Besuch von Museen, Galerien etc. immer noch Möglichkeiten echter Entspannung ungenutzt gelassen. Verzichten Sie an Stätten innerer Einkehr auf überflüssige Kleidungsstücke, um in den Genuß der dort herrschenden Kühle zu kommen.
Merke: *Erschöpfte Touristen bieten einen deprimierenden Anblick.*

Sie sind bei Ihrer südländischen Wirtin zum Nationalgericht eingeladen. Passende Bemerkung: »Ohne Sauerkraut kriege ich ihn nicht runter.«

Frankreich ist das Land der Höflichkeit. Das Wort »Pardon« erwartet man dort auch in Fällen, über die in Deutschland kein unnötiges Wort verloren wird.

SPORT UND SPIEL

ACHTERBAHNFAHREN

Während der Fahrt auf der Achterbahn ist das Hinauslehnen, Aufstehen, Schunkeln, Rauchen und Essen streng verboten.

ANGELN

FUSSBALLSPIELEN

JAGEN

Diese niedersächsische Sau durcheilte, einmal gereizt, die Lüneburger Heide, bog auf der Höhe von Soltau in die Autobahn ein und wurde kurz vor Basel durch eine Verkehrsstreife wegen Überschreiten der Höchstgeschwindigkeit zum Halten gezwungen.

Großwildjagen

Die Jagdtrophäen Herrn Baeckers sind Erbstücke vom Großvater mütterlicherseits.

KEGELN

REITEN
Pferderennen

Freunde des Rennsportes werden sich erinnern, daß Jockey G. Lutze im Großen Preis von Bingen 1961 den Hengst Rokoko aus dem Gestüt Ulmenhorst trotz hoher Wetten nicht ans Ziel brachte.

Turnierspringen

RADFAHREN

Tour de France 1967

TENNISSPIELEN

Wimbledon 1974

SKISPRINGEN

Bei Skisprüngen von Weltklasse scheinen dem Laien alle Gesetze der Schwerkraft aufgehoben.

SKILAUFEN

Halten Sie stets am geplanten Vorhaben fest, auch wenn Sie einmal die passende Zeit versäumt haben sollten. Kühne Beharrlichkeit verschafft Ihnen den Ruf zielstrebiger Energie.

MORGENGYMNASTIK

In den Morgenstunden ist eine Lockerungsübung zu empfehlen. Körpergewicht auf das Standbein verlagern, Spielbein von der Hüfte über das Knie bis zu den Zehenspitzen mehrfach ausschütteln (Abb. 1 bis 3). Ein Heimturner aus Rheinland-Pfalz überrascht hierbei durch ungewöhnliche Leistungsfähigkeit.

MENSCH UND TIER

BÄR

Radfahrenden Bären ist auch von links Vorfahrt zu belassen, da sie meist in Gedanken und daher unaufmerksam sind. Ein Vertreter aus Nieder-Ramstadt hatte nach einem entsprechenden Zwischenfall keine Freude mehr an seinem Automobil.

ELEFANT

Elefanten sind gelehrig. Ein im Expeditionsgepäck bereitgehaltener einfacher Holzreifen beweist die Eignung der Tiere für bunte Abende.

FISCH

Falsche Tragweise beim täglichen Spaziergang verärgert auch gutmütige Fische (A). Eine prak-

:ische Haltevorrichtung macht den Weg an die
frische Luft für beide Teile angenehm (B).

GEIER

HASE

Führende Zoologen behaupten, auch bei ganz jungen Hasen seien Sprünge von sechzig Zentimetern und darüber heute keine Seltenheit mehr.

HUND

Ein Gebot moderner Hygiene ist das eigenhändige Tragen des Hundes bei feuchtem und

2

schmutzigem Wetter. Tier und Teppich bleiben trocken, krümelfrei und farbfrisch.

KATZE

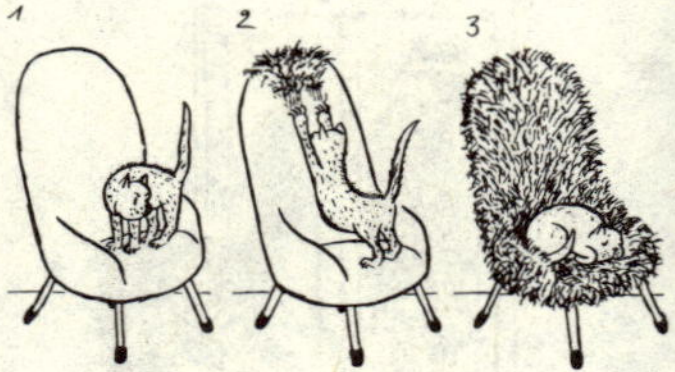

Reifere Katzen sind unentbehrlich für das gemütliche Heim. Ladenfrische Polstermöbel, die meist eine unfrohe Strenge ausstrahlen (1), weisen nach kurzer, aber intensiver Bearbeitung durch das Tier (2) schmiegsame Wohnlichkeit auf (3).

PINGUIN

Der tägliche, etwa einstündige Spaziergang des Pinguins verschafft auch seinem Besitzer ein gesundes Maß an Bewegung und frischer Luft. Normale Pinguine bevorzugen Spazierwege auf einigen landschaftlich reizvollen Inselgruppen im Südpolargebiet. Verwöhnte Exemplare verrichten ihre Geschäftchen ausschließlich in Patagonien, auf Feuerland und den Falklandinseln.

NASHORN

3

4

Erfahrene Zoologen bestätigen die Annahme, daß gerade plumpe Tiere häufig die feinsten Zungen besitzen.

SCHILDKRÖTE

Die Schildkröte Cäcilie entwich im Juni 1932 aus dem Münchner Tierpark. Zur Zeit ist man ihr in der Gegend von Southampton hart auf den Fersen.

KUNST UND KULTUR

LITERATUR

Plötzliche Regenfälle können zum Betreten einer Buchhandlung zwingen. Meistern Sie Ihre Unsicherheit in der ungewohnten Umgebung. Beim Blättern in Büchern Handschuhe und Fäustlinge (auch nasse) anbehalten, um Verschmutzung der teils wertvollen Werke durch die bloße Hand zu vermeiden. Das Herausreißen einzelner Seiten verrät geistige Regsamkeit. Merke: *Nicht auf die Bücher spucken.*

BILDENDE KUNST
Malerei

Frau Emmi W. berichtet, daß seit dem 26. Februar 1962 der Nordatlantik durch ihr Zimmer fließe und ein crèmefarbenes Sofa aus dem Besitz ihrer Eltern unbenutzbar mache.

Bildhauerei

3

Reiner Carrara-Marmor gilt als edelstes Material zur Gestaltung moderner Gedenkstätten.

Beethovens Klaviersonate Nr. 31 in As-Dur, Opus 110, stellt im dritten Satz Anforderungen, denen durchschnittliche Pianisten nicht gewachsen sind.

Für besinnliche Stunden im engeren Freundeskreis bevorzugt Herr Bartels die Suite für Violoncello solo Nr. 2 in D-moll von J. S. Bach (BWV 1008).

FERNSEHEN

1

2

NACHWORT

Ich bin ein Berliner und wurde am 12. November 1923 in Brandenburg an der Havel geboren. Meine Eltern entschlossen sich, mich zur Schule zu schicken. Durch das Erlernen alter Sprachen, die Teilnahme an einem Lehrgang für Panzertruppen sowie durch ein dreijähriges Studium an der Landeskunstschule Hamburg und die Ablegung einer Prüfung, die mich zum Führen eines Automobils berechtigt, bereitete ich mich gewissenhaft auf die Laufbahn eines Karikaturisten vor. Ich kann schwimmen. Ferner schenkte ich meiner Frau zwei Hunde und zwei Kinder.

LORIOT

Loriots Werke im Diogenes Verlag

Auswahl

Loriots Großer Ratgeber

500 Abbildungen und erläuternde Texte geben Auskunft über alle Wechselfälle des Lebens. Leinen

Loriots Heile Welt

Neue gesammelte Texte und Zeichnungen zu brennenden Fragen der Zeit. Leinen

Loriots Großes Tagebuch

Intime Betrachtungen über wichtige Persönlichkeiten unserer Zeit, ergänzt durch Kommentare zum alltäglichen Leben des kleinen Mannes. Leinen

Loriots Dramatische Werke

Texte und Bilder aus sämtlichen Fernsehsendungen von Loriot. Leinen

Möpse und Menschen
Eine Art Biographie. Leinen

Loriots Kleine Prosa
Mit vielen Zeichnungen des Verfassers
detebe 20013

Loriots Tagebuch
Zeitgeschehen von Meisterhand
detebe 20114

Loriots Kleiner Ratgeber
Korrektes Verhalten in allen Lebenslagen
detebe 20161

Loriots Kommentare
zu Politik, Wirtschaft, Kultur und Sport
detebe 20544

Nimm's leicht

Eine ebenso ernsthafte wie nützliche Betrachtung. Diogenes Evergreens. Auch als detebe 20939

Neue Lebenskunst

in Wort und Bild. Bibliothek für Lebenskünstler. Auch als detebe 20941

Menschen, die man nicht vergißt

Achtzehn beispielhafte Bildergeschichten. Bibliothek für Lebenskünstler. Auch als detebe 20942

Szenen einer Ehe

Bibliothek für Lebenskünstler

Auf den Hund gekommen

44 lieblose Zeichnungen mit einem Geleitwort von Wolfgang Hildesheimer. Bibliothek für Lebenskünstler. Auch als detebe 20944

Umgang mit Tieren

Das einzige Nachschlagewerk seiner Art. Bibliothek für Lebenskünstler. Auch als detebe 20938

Wahre Geschichten

erlogen vom Verfasser. Bibliothek für Lebenskünstler. Auch als detebe 20936

Der gute Geschmack

Erlesene Rezepte für Küche und Karriere. Bibliothek für Lebenskünstler. Auch als detebe 20940

Herzliche Glückwünsche

Ein umweltfreundliches Erzeugnis. Bibliothek für Lebenskünstler. Auch als detebe 20943

Der gute Ton

Das Handbuch feiner Lebensart. Diogenes Evergreens. Auch als detebe 20934

Für den Fall...

Der neuzeitliche Helfer in schwierigen Lebenslagen. Diogenes Evergreens. Auch als detebe 20937

Der Weg zum Erfolg

Ein erschöpfender Ratgeber. Diogenes Evergreens. Auch als detebe 20935